AF298659

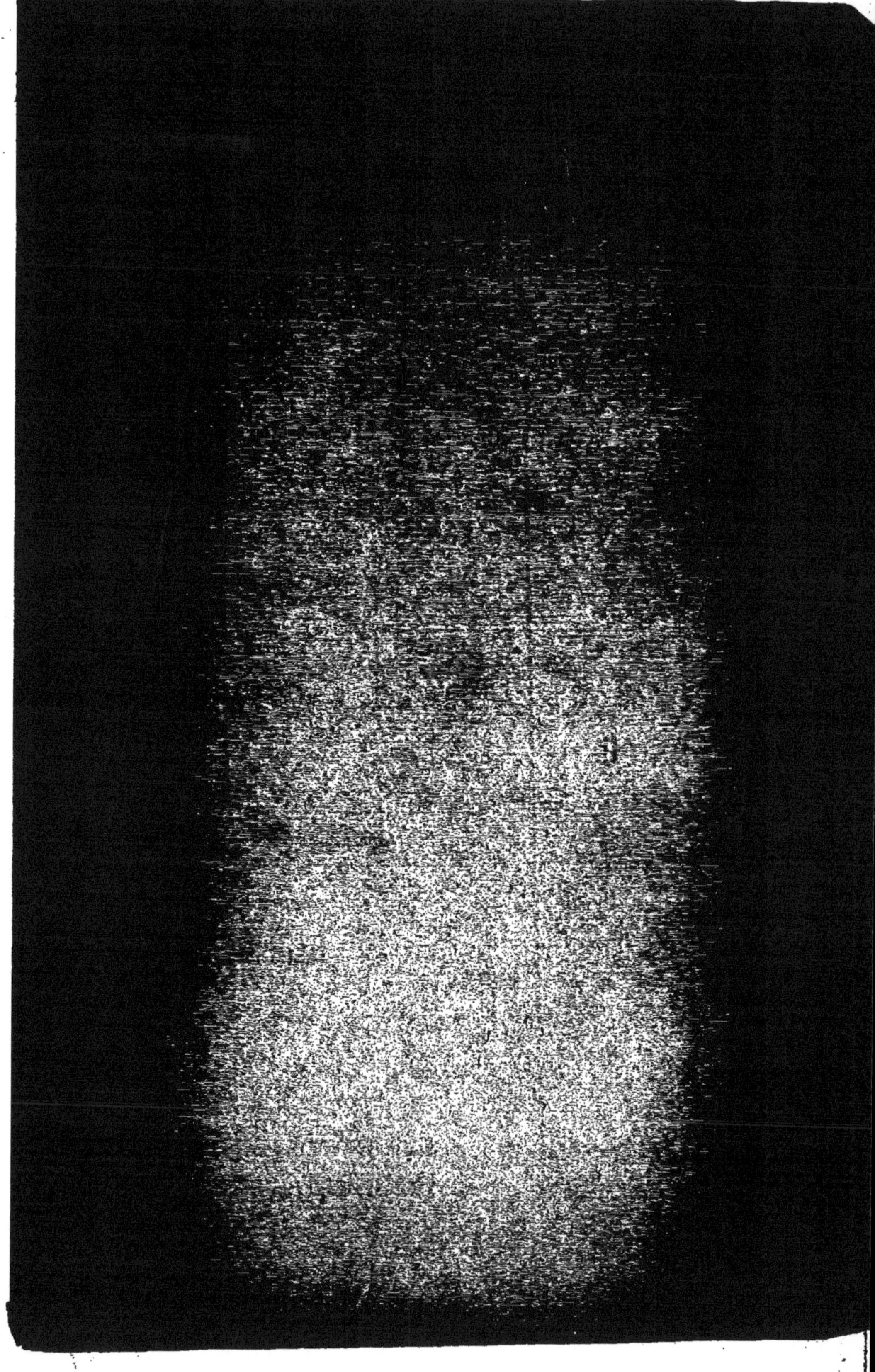

COMMUNICATIONS

FAITES A LA

COMMISSION

DES

ANTIQUITÉS ET DES ARTS

DU

DÉPARTEMENT DE SEINE-ET-OISE

VERSAILLES

IMPRIMERIE CERF ET FILS

59, RUE DUPLESSIS

COMMUNICATIONS

FAITES A LA

COMMISSION

DES

ANTIQUITÉS ET DES ARTS

DU

DÉPARTEMENT DE SEINE-ET-OISE

PAR

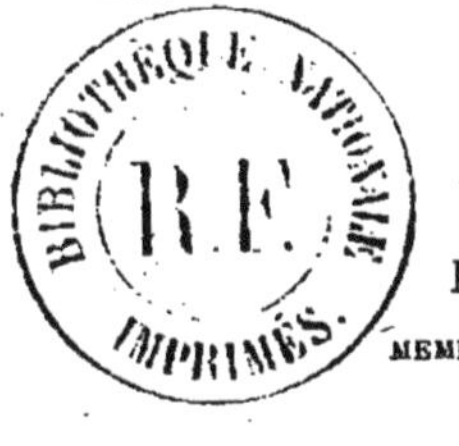

M. E. GRAVE

MEMBRE DE LA COMMISSION

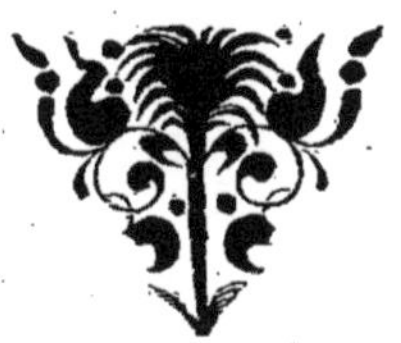

VERSAILLES

CERF ET FILS, IMPRIMEURS DE LA PRÉFECTURE

59, RUE DUPLESSIS, 59

—

1889

UNE

INSCRIPTION DU XVIᵉ SIÈCLE

A GUERVILLE

(CANTON DE MANTES)

« La note présentée par MM. Schwab à l'Académie des Inscriptions, au mois d'avril dernier, à propos d'une inscription consacrée à Eustache Pigis, a attiré l'attention sur une pierre qui gisait depuis longues années dans le cimetière de Guerville. Malgré la publication très intéressante du savant hébraïsant, nous espérons la compléter en rectifiant certaines parties du texte, en y ajoutant quelques signes omis ou inexpliqués, enfin en publiant des renseignements plus certains sur l'identité du personnage.

» Cette pierre, que M Schwab pense être un monument sépulcral, était autrefois scellée sur la paroi intérieure d'un des murs de l'église. Elle est en pierre de Vernon, haute de 1 m. 30, large de 80 centimètres et épaisse d'environ 12 à 14 centimètres. Avec le bas-relief, et les inscriptions dont elle est couverte, elle présente à peu près l'aspect suivant :

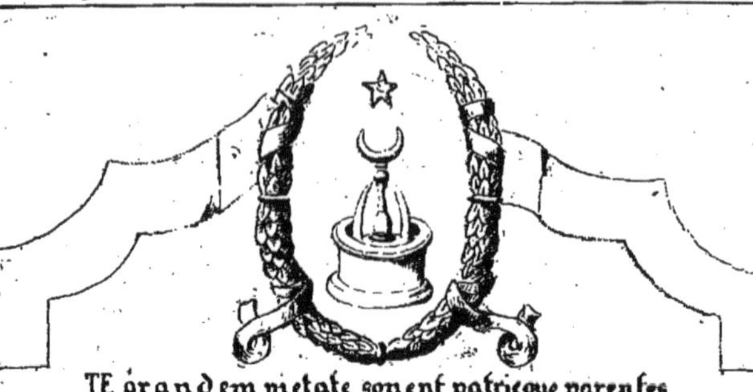

TE grandem pietate sonent patrieque parentes
partaque deserte sat monumenta vie

D   O   M

Eustachio Pigis, singulari prudentia ac morum in
tegritate uiro qui omnium pari consensu delectus ut in
Aureliensibus Blesensibusq̃ comiliis Carolo nono et
Chenuiko tertio Regibus partes patrie gereret ne jac
tura quidem rei familiaris a suscepta prouincia potuit
auocari. Qua integra fide perfunctus dum aetate
prouectus rusticatur incredibili pauperum, quorum
dum uixit maximam semper ruram habuit piorum
omnium dolorem moritur 20 April

CIↃↃↃ XX c vij   Æta. xc

Joannes Pigis Eustachii filius patris cariss.
moer

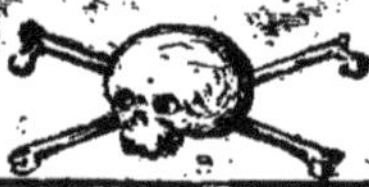

La mort m'est un repos car j'ay vescu touiours
comme prest de mourir. Est ce pas grand folie
de uiure tellement que regrettions la vie
quand nous sommes reduits au dernier de nos jours.

» Elle est divisée, comme on voit, en cinq parties : le bas-
relief principal, le distique, l'inscription proprement dite, le
quatrain français et enfin la tête de mort et les deux humerus.
Les trois parties de l'inscription sont séparées sur des plans
formant cartouches ou tablettes.

» Quant au bas-relief, voici ce qu'en dit M. Schwab : « Les
» sujets représentés par le bas-relief sont difficiles à expliquer
» *sur un tombeau ;* leur présence est obscure. En vain cherche-
» rait-on leur signification dans quelque recueil d'emblèmes de
» l'époque, tels que ceux de Sambucci ou d'Alciat, si riches
» pourtant dans tous les genres qu'a suscités la période de la
» Renaissance. Au point de vue de l'iconographie chrétienne, il
» y a là un document nouveau, intéressant à étudier. Nulle
» part nous n'avons rien trouvé d'analogue, et l'on ne voit pas
» même un similaire... A peine est-il permis de noter, non
» comme semblable, mais à titre de congénère, une inscrip-
» tion bilingue, latine et berbère (1) que nous signale M. l'abbé
» Vigouroux, trouvée en 1869, à Kef-Beni-Feredj (Algérie).
» Elle figure sur la grande Stèle de Sactut, ornée d'un fron-
» ton triangulaire, qui porte un disque solaire (au lieu de
» l'étoile) ; au-dessous est un croissant, puis un adorant, une
» couronne et une colombe. »

» A la vérité, si l'on cherche à expliquer ce bas-relief au
point de vue funéraire, il ne laisse pas que d'être embarras-
sant. Mais il semble difficile d'admettre que ce soit là une
pierre tumulaire. Eustache Pigis, dont le monument a voulu
perpétuer la mémoire, était un bourgeois de Mantes, et nous
n'aurons aucune peine à l'établir. Comme tel, il est plus que
probable qu'il est mort dans cette ville et qu'il y fut enterré.
On ne doit donc considérer cette pierre, que comme un monument commémoratif, élevé par son fils Jean, dans un village
où Eustache Pigis pouvait avoir quelques biens ; où il avait
dans tous les cas, de nombreux parents qui y ont fait souche
et dont la descendance est loin d'être éteinte.

» Le texte de l'inscription d'ailleurs, ne laisse aucun doute

---

(1) Reboud, *Inscriptions Libyco-berbères,* vol. IV, nº 24, pp. 26 et
37. *Corpus Inscript. latinar* (1881), t., VIII, nº 5,220.

à ce sujet ; il ne renferme aucune des nombreuses formules
usitées en pareil cas à cette époque. Jehan Pigis ne semble
penser qu'à perpétuer les titres de son père et non à attirer sur
ses restes, les respects du passant. Il ne faut donc point voir
dans les ornements de ce bas-relief, des symboles appartenant
à aucune religion. Ils ne pourraient être que catholiques, car,
comme nous l'avons remarqué ailleurs, Mantes pendant le
xvıe siècle, ne comptait en fait de protestants, que de rares
étrangers venus à la suite du séjour de Henri IV, où y habi-
tant fortuitement. Les protestants du pays habitaient Limay ;
les bourgeois de Mantes étaient tous catholiques.

» Néanmoins, en se torturant un peu l'esprit, on pourrait
peut-être trouver une partie de l'énigme ; il suffit pour cela de
se rappeler la tournure d'esprit des artistes de la Renaissance.
La couronne de feuilles d'olivier qui entoure le motif principal, peut représenter le caractère pacifique d'Eustache Pigis.
Le puits d'où émergent les autres ornements a peut-être la pré-
tention de dire que c'était un ami de la vérité ; l'étoile et le
croissant, que son intelligence éclairait les questions obscures.
Il reste les deux espèces de cornes placées de chaque côté du
balustre qui porte le croissant, dont le sens échappe absolu-
ment. Si l'on connaissait la profession d'Eustache Pigis,
peut-être serait-on moins embarrassé pour deviner. Il n'est
pas moins assez singulier de voir que cette pierre ne porte
aucun signe religieux.

» En ce qui concerne l'inscription, M. Schwab remarque :
1ºque le mot *henrico* est incomplet par suite d'une altération de
la pierre, mais il est trop facile de le reconstituer au moyen
du contexte ; 2º que le Q de la 6e ligne est de forme unique
pour l'époque et semblable à un 2 à base serpentine. Nous
ne partageons pas l'opinion de M. Schwab sur l'observation
suivante : « ligne 8 : l'abréviation ꝑ (pour *pro*) du mot *proxi-
morum* terminé par ꝫ. » L'honorable savant a pu croire qu'il
y avait là un signe abréviatif, mais un examen attentif montre
seulement que la pierre est légèrement altérée et qu'un *i* a été
enlevé. Le texte est donc : *piorumque omnium*, c'est-à-dire,
de tous les gens de bien. Les signes ꝏꝋꝭ et ꝑ, sont les abré-
viations de *mœrens* et *posuit*.

» Ce que M. Schwab a oublié dans sa communication (on peut le signaler après lui, mais non pas l'expliquer), c'est une flèche placée sous la première lettre du distique latin, et vingt chiffres répartis sous les différentes lettres ou syllabes, de ce distique. Ils sont inscrits dans cet ordre : 4, 11, 12, 5, 12, 7, 6, 1, 7, 2, sous le premier vers ; 9, 10, 8, 17, 15, 3, 16, 18, 13, 14, sous le second. Les chiffres 7 et 12 sont doublés. De quelque façon qu'on s'y prenne, on n'arrive à en tirer aucun sens. Additionnés séparément on obtient les nombres 63 et 123 qui n'indiquent rien pas plus que le total 186. Soit qu'on arrange par ordre numérique les lettres du distique marquées d'un chiffre, soit qu'on prenne dans le même ordre les premières lettres ou syllabes de l'inscription, tout est incohérent. Avec les syllabes du distique, les huit premières n'ont pas de sens, les neuf suivantes donnent : « *que par ta gran piété ta vie* », mais les trois dernières ne signifient plus rien. Après avoir essayé de toutes les combinaisons nous donnons notre langue aux chiens. Mais ce rebus est certainement le côté le plus mystérieux du monument de Guerville, et nous pensons de notre côté, qu'il existe peu d'exemple d'un semblable amusement épigraphique.

» Le quatrain français, M. Schwab le trouve peu compatible avec une tombe de catholique. Ce devait être la mode rationcinante de l'époque, car Millin, dans son article xxiv, des *Antiquités nationales*, *Eglise des Cordeliers de Mantes*, cite un distique qui exprime la même pensée et pourrait bien être du même auteur :

> » *Scavoir mourir est le plus grand scavoir;*
> » *Cesser de vivre est le plus grand avoir.*

» Quant au contenu de l'inscription latine, dit encore M. Schwab, il offre un intérêt plus restreint ou d'histoire locale. Par elle, on apprend qu'Eustache Pigis a été nommé à l'unanimité délégué, *delectus*, ou député aux Etats généraux d'Orléans en 1560, sous Charles IX, puis à ceux de Blois, en 1576, sous Henri III, avant de venir se retirer dans la petite localité *qui a dû être son lieu de naissance*, pour y finir ses jours. Il s'y est livré aux travaux des champs, se préoccupant en même temps du sort des pauvres. Le nom de Pigis, en effet, se retrouve deux fois sur les listes des membres de ces assemblées, comme député du « Tiers », à côté des maîtres Fizeau et Vion. Il est à inscrire dans la *Biographie* du département de Seine-et-Oise. »

» De tout ceci, je tiens à bien établir qu'Eustache Pigis était un bourgeois de Mantes, et on peut dire en raison des habitudes, des mœurs de l'époque, qu'il a dû y naître et y mourir. Nommé deux fois député aux Etats, il n'a pu l'être qu'en vertu de sa qualité de *bourgeois très notable* et cette qualité de bourgeois, il ne pouvait l'avoir que parce qu'il était né à Mantes. Les *horsains* habitants de Mantes y devenaient bien *communiers* moyennant une certaine somme, mais ils n'arrivaient pas aux charges municipales à la première génération.

» Cette famille de Pigis était d'ailleurs encore plus nombreuse à Mantes qu'à Guerville. Sur une liste des habitants de Mantes, dressée en 1566, pour une imposition de 1810 l. 15 s., on voit un Jean Pigis taxé à V s. X d. C'est à peu près la taxe de tous les notables.

» Sur un livre de taille, sans date, mais certainement antérieur à 1566, on trouve un Marin Pigis. Gervais Pigis, en 1559, était adjudicataire de *la ferme des Pots.* En 1573, Estienne Pigis est receveur de la ville, mais il ne doit pas être le titulaire de cette fonction. En effet, sur un reçu de l'an 1579, nous lisons la déclaration suivante : « Receu par » moy Nicolas Buisson fossier et cliqueteur ordinaire de » ceste ville de Mante d'honorable hoe maistre *Eustache* » *Pigis Recepveur ordinaire* des deniers et revenus de la d. ville » de Mante Lasce de trente solz, etc. » Il est probable qu'Eustache Pigis, âgé alors de 82 ans, délégué deux fois aux Etats, était le principal receveur de Mantes, et que par un privilège ordinaire à cette époque, son fils Estienne devant hériter de sa charge, en partageait avec lui le titre et la fonction. Cet Estienne Pigis est qualifié tour à tour, sur des pièces de la même année 1579, de *Receveur de la ville, des deniers de la ville, des deniers communs.* En même temps, plusieurs reçus sont au nom de Robert Thibault, *greffier, commis à la recepte des deniers communs.*

» Dans une autre liasse des Archives de Mantes, nous avons trouvé la pièce suivante : « Receu p. moy soubssigné de Jehan » Bourdon eschevin de la ville de M^te, vingt escuz d'or prz., » d'une part et dix escuz pistolletz (?) d'âtre. ql. ma baillez » pour fê les affès, de la d. ville de M^te. Dont ce prt acquit, fait » le xxvij décembre v^e lxxij. Pigis. » Bien qu'il n'y ait aucun prénom accolé à celui de ce Pigis, nous ne doutons pas que cette pièce n'émane du député de 1560.

» Pour terminer ce qui touche à cette famille Pigis, de Mantes, nous dirons qu'un Charles Pigis, « commissaire ordinaire de l'artillerie du roy », en 1604, fut échevin en 1610 ; en 1604, il eut une fille Margueritte, dont N. Pigis, avocat en Parlement, fut parrain. En 1611, il eut un fils qu'il nomma précisément Eustache.

» Nous tenons à exprimer ici nos remerciements à M. Schwab, d'avoir tiré d'un oubli immérité, le bas-relief et l'inscription de Guerville. Nous souhaitons, pour terminer, que ce monument fasse retour à la ville de Mantes qui lui donnera, nous en sommes sûr, une place digne du citoyen dont elle consacre le souvenir, les services et les vertus. »

BAS-RELIEF

DANS

L'ÉGLISE DE MANTES

« On a retrouvé cette année dans l'église de Mantes, au-dessus d'une grande armoire, un panneau de chêne du plus grand intérêt. Long de 1 m. 72 et haut de 0 m. 77, il représente la Cène sculptée en très haut relief.

» Dans une salle, représentée par une architecture de lambris et de pilastres cannelés, le Christ est assis devant une longue table. Les Apôtres sont rangés autour de lui ; deux d'entre eux, dont Judas, occupent le devant. Saint Jean est à droite et saint Pierre à gauche. Une draperie frangée tombe du plafond, jusque derrière le Christ et reçoit les rayons dont sa tête est nimbée. La table est couverte d'une nappe : l'artiste s'est amusé à l'orner, non seulement de dessins variés imitant le damassé, mais il y a encore marqué les plis du linge qu'on vient de déplier. Sur le milieu de cette table est la coupe à pied qui contient le vin ; le pain, non encore rompu, est dans la main du Christ. Il n'y a rien autre chose qui puisse distraire l'attention. Sur le devant, entre un apôtre et Judas, une grande urne ornée de godrons, de canaux et de feuilles, est placée à terre.

» Les têtes, très variées d'expression, ont de neuf à treize centimètres. Celle du Christ est très belle et copiée sur le type le plus généralement adopté. Celle de Judas, sans être grimaçante, est d'un sentiment très poignant.

» Ce panneau n'est peut-être que la reproduction d'un tableau ou d'une gravure que nous ne connaissons pas. Il a cependant toute la saveur d'une œuvre originale. Nous connaissons peu de sculptures sur bois ayant d'aussi grandes qualités. Il est d'un homme véritablement artiste.

» Les Archives de Mantes contiennent plusieurs mentions de retables sculptés et exécutés à Mantes, pour Notre-Dame, Saint-Maclou ou les Cordeliers et payés en tout ou en partie par la ville. L'un d'eux avait même été signé par derrière, par un menuisier nommé Chambord Malheureusement notre panneau ne l'est pas.

» Il est aussi difficile d'assigner une date certaine à ce panneau. Nous penchons pour la fin du XVIᵉ ou le commencement du XVIIᵉ siècle. Si l'on trouvait une gravure ou un tableau qui rappelât l'agencement de cette Cène, on aurait ainsi un moyen très sûr de le dater.

» M. de THORÉ, juge suppléant à Mantes, en a fait une photographie, qui pourra aider à cette recherche. »

UN DOCUMENT

SUR LES

FORTIFICATIONS DE MEULAN

AU XV⁰ SIÈCLE

Voici un document qui, s'il ne jette pas un jour nouveau sur l'histoire de l'antique rivale de Mantes, nous révèle au moins l'état où se trouvaient ses vieilles fortifications qui avaient, pendant la première moitié du xve siècle, servi tour à tour à abriter ou à repousser les Anglais. A peu près abandonnées sans doute à la suite de la paix relative dont jouit l'Ile-de-France pendant la seconde moitié du même siècle, elles commençaient à tomber en ruines. Olivier le Daim, ce grotesque autant qu'odieux comte de Meulan, avait reconnu lui-même la nécessité de remettre en état respectable, le chef-lieu de sa comté ; il avait fait construire en briques la muraille du fort, partie de la forteresse défendant la ville au midi vers la Seine. « Ce travail, dit M. E. Réaux, dans son *Histoire du Comté de Meulan*, fait en grande partie et dont on voit encore très distinctement les restes, fut abandonné à sa mort. »

Le document que nous publions offre donc un certain intérêt. Il renferme le nom et les titres de Jehan Vyon,

membre d'une vieille famille de Meulan. Elle a fourni
une longue suite d'hommes utiles qui se sont distingués
dans les affaires locales de leur temps. La forme dans
laquelle l'adjudication de ces travaux urgents est faite
« sans la solempnité qui est accoustumé de garder » ; la
rédaction qui fournit les mots peu usités de *Rossignots*
et *Carneaulx* : l'état même de ces fortifications, nous
semblent autant de points à signaler dans ce document.
Nous ferons remarquer enfin, car c'est là une des causes
de la rivalité de Mantes et de Meulan, que Jehan Vyon s'y
reconnaît sans ambage, pour *Lieutenant à Meulan de
Monsieur le Bailly de Mantes*, de même qu'il déclare que
les frais des réparations à faire, seront payés par le Voyer
de Mantes et Meulan qui résidait à Mantes. Et de fait,
l'attestation qui est au dos déclare que Jehan Baillet a été
payé par le Voyer de Mantes par les mains de Jehan, Le
Roy, *son commis à Meulan.*

A tous ceulx qui ces présentes lectres verront, Jehan Vyon
escuier bachelier en chascun droit, Lieutenant à Meullant de
Monsieur le bailly de Mantes pour le Roy nostre sire, salut.
Sur la Requeste le jour d'huy quatorziesme jour de decembre
en ce present an iiij c iiij xx dix-neuf, A nous faicte par le
procureur du Roy nostre dit seigneur oudit bailliaige, qui
disoit que puis naguères en ça la baculle et les verges du pont
levys du boullouart du grand pont dudit Meullant estoit tumbé
sur le pavé tellement que plusieurs gens avoyent esté en grant
danger en passant dessoubs. Et pour ce nous auroit requis très
instamment que voulsissions donner provision a faire reffaire
ledit pont levys Et autres qui estoient en grant ruynes ; A
l'ocasion de quoy plusieurs inconveniens en povoyent advenir
chascun jour à la chose publicque. A ceste cause, lad. requeste
oye, eussions fait comparoir par devant nous plusieurs charpentiers dudit Meullant ; c'est assavoir, Jacotin le Camus,
Jehan Baillet et autres, Affin de visiter tous les ponts de bois
dudit Meullant, pour y faire les reparacions les plus necessaires y estre faictes pour le present. Et nous mesmes accom-

gagne dudit procureur du Roy et autres officiers pour ledit
seigneur audit Meullant Nous serions transportés sur iceulx
ponts avec iceulx charpentiers. Et aurions veu et trouvé que
icelles repparacions estoient très nécessaires a faire a toute
diligence. Ç'est assavoir : deux trappes lune oudit pont levys
dudit boullouart dudit grant pont auec remettre appoint lune
des verges dicelluy pont levys et relever et rasseoir lesdictes
verges et la baculle dudit pont levys après ce qu'il seroit fait
deuement ainsi qu'il appartient. Item, aussi nous transpor-
tasmes sur le petit pont dudit Meullant dedens le boullouart du
cousté devers la ville, Et illecques trouvasmes après la visita-
cion faicte par lesdits charpentiers qu'il estoit necessaire de
reffaire pareillement tout de neuf la trappe dudit pont levys
dicellui boullouart. Pour laquelle chose faire estoit besoin dy
mectre bon boys et bonnes membrures bien chevillées de fer
et faire lesdites trappes desdits pontz levys tant du boullouart
dudit grand pont que dudit boullouart dudit petit pont bien et
deuement ainsi qu'il appartient et rasseoir de massonnerye
les rossignotz ou corbeaulx pour soustenir lesdites deux
trappes desdits pontz levys. Et illec, en la presence des dessus-
dits officiers, charpentiers, massons et plusieurs autres gens de
bien fut marchandé audit Jehan Baillet charpentier sans at-
tendre à faire la sollempnité qui est accoustumée de garder a
baillier au rabais les repparacions a faire pour le Roy nostre
dit seigneur, pour ce que lesd. trappes et ponts levys estoient
necessaires et qu'il estoit besoing qu'ils fussent fais a toutes
diligence pour passer. Lequel Jehan Baillet promest et s'oblige
par devant nous comme pour les affaires du Roy nostre dit
seigneur de faire bien et deuement ainsi qu'il appartient au dit
de gens de bien en ce congnoissans lesd. deux trappes desd.
deux ponts levys. Et toutes les repparacions et choses cy dessus
déclairées, et y besoingner a toutes diligence sans quelque
retardiction, et livrer toutes matières tant de massonnerie,
charpenterye que de feraille. Et pour ce faire fut accordé qu'il
auroit et lui seroit paié par le Receveur ordinaire dudit bailliaige de Mante et Meullant la somme de dix-sept livres ung
solz tournois. Et le xxviij^me jour de janvier oud. an mil quatre
cens quatre vingts dix-neuf (1500) sont comparuz par devant

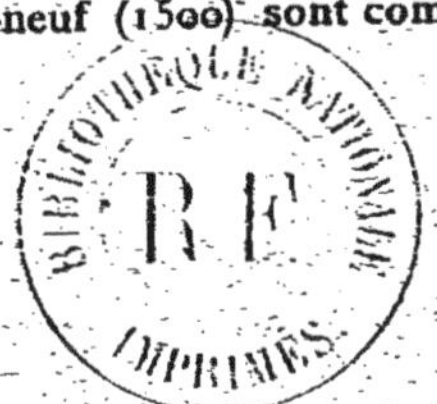

nous Jehan Millon macon et Jacotin le Camus charpentiers jurez en la ville et chastellenie dudit Meullant sur ce fait des mestiers de massonnerye et charpenterye, lesquelx nous ont rapporté par leur serment quilz ont veu et visité lesd. deux trappes desd. deux ponts levys, massonnerye et repparacions des carneaulx et planchers dudit boullouart du grand pont dudit Meullant, Et quilz sont bien et deuement faitz et repparez tout selon la forme et marché cy devant déclairé. Pour quoy nous donnons en mandement audit voyer et Receveur ordinaire desdictz Mante et Meullant, paier et bailler des deniers de sa Recepte audit Jehan Baillet charpentier ladicte somme de dix sept livres ung solz tournois. Et en rapportant ces presentes avec quictance suffisant, dicelluy Jehan Baillet, lad. somme doit estre allouée audit Receveur par nos seigneurs des comptes auxquelx nous prions ainsi le faire Donné sous nre scel et le seing manuel du greffier dudit bailliaige Cy mis Lan et Jour dessus dictz.

CONQUEAU (avec paraphe).

Au dos, comme nous l'avons dit plus haut, se trouve la mention de paiement écrite et certifiée par le greffier Guillaume Conqueau.

NOTICE

PIERRES TOMBALES HÉBRAÏQUES

A MANTES

———

Au mois d'avril 1879, je fus averti qu'en creusant pour les fondations d'une maison, rue de l'Eglise, sur l'emplacement de l'ancien Hôtel-Dieu de la ville de Mantes, on avait trouvé, à une profondeur de trois mètres environ, de grandes pierres sur lesquelles étaient gravées des inscriptions curieuses, mais pour l'instant indéchiffrables. Je n'eus pas de peine à reconnaître au premier abord, des pierres tombales de grande dimension, recouvertes d'inscriptions hébraïques, et là se borna toute ma science. Je dois ajouter que leur disposition dans le sol indiquait qu'elles avaient été utilisées dans des substructions anciennes, et qu'elles n'étaient plus à la place où elles avaient été posées dans le principe pour recouvrir des sépultures.

J'obtins du propriétaire qu'il offrit ces pierres à la ville de Mantes, et par mes soins elles ont été, depuis ce temps, déposées dans une des cours de la mairie.

J'écrivis alors à M. Renan, pour lui faire part de la découverte, et j'eus le tort de lui envoyer une copie, minutieuse à ce qu'il me semblait, mais cependant informe paraît-il, d'une de ces inscriptions. Voici, en effet, la réponse que je reçus de l'illustre académicien :

« Le fragment d'inscription hébraïque dont vous m'en-
» voyez le dessin, est très moderne, peut-être de notre
» siècle. Il doit y avoir eu des juifs à Mantes depuis la
» Révolution ; car, au xviie, au xviiie siècle, leur présence
» n'eut pas été tolérée, au moins d'une façon aussi du-
» rable que le supposent des pierres sépulcrales soignées.
» Au moyen âge, nous n'avons pas de renseignements
» sur une juiverie à Mantes, et d'ailleurs, la pierre dont
» vous m'avez envoyé le dessin, n'est pas sûrement de ce
» temps-là. Le fait qu'elle constate est donc d'un intérêt
» assez limité, et, quoiqu'on hésite toujours à faire dis-
» paraître un vestige du passé, je crois qu'il y aurait de
» l'excès à considérer ces pierres comme des monuments
» archéologiques. »

Cette réponse, je l'avoue, refroidit un peu mon zèle. Elle m'indiquait toutefois qu'en fait d'inscriptions, rien ne vaut une lecture directe ou un estampage parfait. J'étais persuadé cependant par la nature de la taille, par la situation de ces pierres lors de leur découverte, et enfin par de nombreux documents d'histoire locale, qu'elles avaient une ancienneté relative. Je cherchai un savant hébraïsant qui consentît à se déranger pour venir lire ces inscriptions, et je ne trouvai personne jusqu'au jour où, par l'inscription de Guerville, dont j'ai eu l'honneur de vous entretenir, j'entrai en relation avec M. Moïse Schwab, qui ne se fit pas longtemps prier pour venir à Mantes.

M. Schwab a publié ces trois inscriptions à la fin de 1887, dans la *Revue des Études Juives*, et je vais encore, comme pour l'inscription de Guerville, résumer ici ses recherches.

Ces trois pierres sont cassées chacune en deux mor-ceaux. La première, longue de 1 m. 98 c., large de 68 à

e cm. et épaisse de 12 à 14 cm., porte en trois lignes et
en lettres de 12 cm., l'inscription dont voici la traduction :

« Ceci est la stèle du tombeau de Ioet-(e), fille de
» Maître Hayim, femme de Maître Hayim, qui est allée
» au Paradis le mardi de la section *Wayaghel*. »

Cette inscription, quoique complète, ne porte pas
d'année après l'indication du quantième ; par compa-
raison, M. Schwab l'attribue au xiiie siècle. Toutefois,
elle contient un nom nouveau dans l'onomastique juive :
c'est celui de la défunte : (א)יראמ, qu'il faut lire Ioete, nom
qui ne se trouve ni dans le *Dictionnaire de l'ancien lan-
gage français* de Lacurne de Sainte-Palaye, ni dans
l'œuvre analogue de Frédéric Godefroy.

D'après le *Livre de la Taille de Paris pour l'an 1292*,
dit M. Schwab, on a pu reconstituer une longue série de
noms propres pour cette époque ; or, parmi eux, à côté
de noms de femme tels que Bele-Assez, Bone, Belete, etc.,
on trouve deux fois le nom de *Joie* : 1º Joie la farinière,
veuve ; 2º Ioie femme *Vivant Caro*. Cette dernière porte
précisément le nom de la défunte qui figure sur notre stèle
nº 1, si l'on observe que le mot *Hayim* a pour équivalent
français le nom *Vivant*, et que l'on suppose que le mot
Joie a dû avoir pour diminutif *Joete*, comme *Belete* est
le diminutif de *Bele*. Le nom de Joie écrit יראוי, comme
on le retrouve sur une inscription hébraïque du musée
Carnavalet et sur une autre à Mâcon, paraît être en
quelque sorte le féminin de *Joiant* ou *Ioant*, donné par
M. Godefroy comme un synonyme de *Joconde*. D'autre
part, comme la femme Vivant a payé encore l'impôt à
Paris en 1296, c'est vers la fin du xiiie siècle qu'elle a dû
émigrer de Paris à Mantes où elle est décédée.

Ce nom de Joete a donné lieu, si j'en juge par un
numéro subséquent de la Revue des études juives, à une
discussion sérieuse parmi les hébraïsants. Les uns y ont

vu une forme du mot *Joyeuse*, comme on l'a retrouvé sur une autre pierre tumulaire de Dijon. D'autres l'ont traduit assez plausiblement par *Yvette*. Quoi qu'il en soit, le nom de famille *Hayim*, répété deux fois dans cette inscription est peut-être l'origine du nom francisé *Hayet*, appartenant à une famille très ancienne de Mantes, tenant de tout temps au trafic de la Seine, *Hansée* comme on disait alors. Plusieurs de ses membres ont été maîtres du pont de Mantes.

La pierre n° 2 est très finement taillée; elle est longue de 1ᵐ,75 et large de 0ᵐ,75. Les lettres, d'une gravure extrêmement soignée, ont seulement 8 centimètres de hauteur. L'inscription en quatre lignes se traduit ainsi :

« Ceci est la stèle de maître Obádia, fils du maître » Elie, qui est allé au Paradis, le lundi de la section » Wayhi, l'an IX du comput (sous-entendu : petit = 5009)».

La lecture hebdomadaire sabbatique Wayhi correspond au 16-tébet; soit le mardi 11 tébet = 28 décembre 1248.

Cette pierre n° 2 est justement celle dont j'avais envoyé une mauvaise copie à M. Renan.

La pierre n° 3 ressemble beaucoup comme grain et comme gravure au n° 1 : elle a 1ᵐ,50 de long sur 0ᵐ,75 de haut. Son inscription se traduit ainsi :

« Ceci est la stèle de maître Iehel Menahem Halevi, » qui est allé au Paradis, le mercredi de la section de » Schemot, l'an LIII du comput. »

Le sabbat de Schemot 5053 correspondait au 23 tébet, soit pour la date indiquée, le 20 tébet = 31 décembre 1292.

Dans sa notice sur ces trois pierres tombales de Mantes, M. Schawb a rappelé que M. de Longperrier avait rectifié la véritable date de la grande stèle carrée de

Limay. C'est le 17 mars 1243 qu'il faut y lire, et non 1101, comme nous l'avons tous répétés, d'après M. Armand Cassan, qui n'est pas l'auteur de la traduction. Voici la traduction certaine de la grande pierre de Limay :

« C'EST LA STÈLE DE R (abbi) MÉIR, FILS R. ELIAH, QUI » PARTIT LE IIIe JOUR (mardi) DE LA PARASCHA TAZRIA, L'AN » CINQ MILLE TROIS DES ANNÉES DU COMPUT : QUE SA MÉMOIRE » SOIT BÉNIE. »

La date 5003 = 17 mars 1243.

J'ajouterai qu'un autre fragment de pierre tombale juive, trouvé également sur le territoire de Limay, a été envoyé, on ne sait pourquoi, au musée de Saint-Germain. Deux autres pierres avec inscriptions à demi usées, servent de seuils de porte dans la maison du presbytère de Mantes.

Je rappellerai qu'en 1359, il y avait un **endroit de** Mantes portant encore le nom d'*Ecole des Juifs*. En 1380, lors des troubles qui marquèrent l'avènement de Charles VI, des Parisiens vinrent à Mantes et y fomentèrent une sédition, à la faveur de laquelle les maisons des Juifs furent pillées, comme venaient de l'être celles de Paris. Le nom très peu israélite de Croissart de Vezou nous a même été conservé (1).

Tout cet ensemble de documents vient prouver que ce n'est pas sans raison qu'il reste encore une rue de la *Juiverie* à Mantes et une rue aux Juifs à Limay. Les textes divers rapportés dans la CHRONIQUE DE MANTES, sont ainsi appuyés aujourd'hui par des monuments de dates certaines, conservés dans les dépendances de l'hôtel de ville de Mantes.

(1) V. *Chron. de Mantes*, par Durand et Gravé, pp. 60, 221. Doüet.d'Arcq : *Choix de pièces relatives au règne de Charles VI.*

VERSAILLES. — IMPRIMERIE CERF ET FILS, 59, RUE DUPLESSIS.